# John Bauer

# Der Wächtertroll
## - Notizbuch -

Weitere Bücher mit John Bauer Illustrationen:
- Das Trolle und Goblins Postkartenbuch
- Der Trolle und Goblins Geburtstagskalender
- Der Troll - Notizbuch
- Die Prinzessin - Notizbuch
- Die Trollhöhle - Notizbuch
- Der Bergtroll - Notizbuch
- Der Waldtroll - Notizbuch
- Vor der Trollhöhle – Notizbuch
- Der Trollriese – Notizbuch
- Die Trollmutter – Notizbuch
- Die Waldtrolle – Notizbuch
- Der Troll und die Prinzessin – Notizbuch
- Der Wächtertroll – Notizbuch
- Der Trollvater – Notizbuch
- Der Trollspäher - Notizbch

*Bibliografische Information der Deutschen Nationalbibliothek:*
*Die Deutsche Nationalbibliothek verzeichnet diese Publikation in*
*der Deutschen Nationalbibliografie; detaillierte bibliografische*
*Daten sind im Internet über http://dnb.dnb.de abrufbar.*

*Facebook*

*Instagram*

*Herstellung und Verlag: BoD – Books on Demand, Norderstedt*

*ISBN: 9783752811582*

# Weitere Bücher von Elizabeth M. Potter

| GESCHICHTEN VON BEATRIX POTTER: | POSTKARTENBÜCHER: |
|---|---|
| Die Geschichte von Peter Hase | Peter Hase und seine Eichhörnchenfreunde Teil 1 |
| Die Geschichte vom Eichhörnchen Nutkin | Peter Hase und seine Eichhörnchenfreunde Teil 2 |
| Die Geschichte vom Schneider von Gloucester | Peter Hase und seine Hasenfreunde Teil 1 |
| Die Geschichte von Benjamin Häschen | Peter Hase und seine Hasenfreunde Teil 2 |
| Die Geschichte von den zwei ungezogenen Mäusen | Peter Hase und seine Hasenfreunde Teil 3 |
| Die Geschichte von Frau Tiggy-Winkle | Peter Hase und seine Hundefreunde |
| Die Geschichte von Duchess, Ribby und den Pasteten | Peter Hase und seine Katzenfreunde Teil 1 |
| Die Geschichte von Herrn Jeremy Fischer | Peter Hase und seine Katzenfreunde Teil 2 |
| Die Geschichte vom bösen Hasen | Peter Hase und seine Mausfreunde Teil 1 |
| Die Geschichte von Frau Moppet | Peter Hase und seine Mausfreunde Teil 2 |
| Die Geschichte von Tom Kätzchen | Peter Hase und seine Mausfreunde Teil 3 |
| Die Geschichte von Jemima Watschelente | Peter Hase und seine Schweinchenfreunde |
| Die Geschichte von Samuel Whiskers | Peter Hase und seine Waldfreunde |
| Die Geschichte von den Flopsy Häschen | Peter Hase Weihnachtspostkarten |
| Die Geschichte von Ginger und Pickles | Peter Hase Osterpostkarten - Postkartenbuch |
| Die Geschichte von Frau Kleinmaus | NOTIZBÜCHER: |
| Die Geschichte von Timmy Zehenspitzen | Das Peter Hase Notizbuch |
| Die Geschichte von Herrn Todd | Beatrix Potter wünscht "Frohe Ostern!" Notizbuch |
| Die Geschichte von Pigling Bland | Beatrix Potter wünscht "Fröhliche Weihnachten!" Notizbuch |
| Die Geschichte von Johnny Stadtmaus | Beatrix Potter wünscht "Alles Gute zum Geburtstag!" Notizbuch |
| Appley Dapplys Kinderreime | Beatrix Potter wünscht "Gute Besserung!" Notizbuch |
| Cecily Parsleys Kinderreime | Beatrix Potter wünscht "Ein gutes neues Jahr!" Notizbuch |
| Die Geschichte vom kleinen Schwein Robinson | Die Waldfreunde von Peter Hase Notizbuch |
| Die Geschichte von den drei kleinen Mäusen | Das Benjamin Häschen Notizbuch |
| Die Geschichte von der Hasen Weihnachtsfeier | Das Jeremy Fischer Notizbuch |
| Die Geschichte von Herrn Todd und dem Storch | Das Jemima Watschelente Notizbuch |
| Die Geschichte von der verschlagenen alten Katze | Das Herr Todd Notizbuch |
| Die Geschichte von der alten Wandpendeluhr | Das Frau Kleinmaus Notizbuch |
| Die Geschichte von der treuen Taube | Das Eichhörnchen Nutkin Notizbuch |
| Die Zauberkarawane (Erscheinung geplant für Sept/Okt 2018) | Das Frau Tiggy-Winkle Notizbuch |
| Schwester Anne (Erscheinung geplant für Sep/Okt 2018) | Das Tom Kätzchen Notizbuch |
| NEUE GESCHICHTEN MIT PETER HASE: | Das Timmy Tiptoes Notizbuch |
| Die Geschichte von Peter Hase und seiner Mama | AUSMALBÜCHER: |
| Die Geschichte von Peter Hase und seinem Papa | Peter Hase Ausmalbuch |
| Die Geschichte von Peter Hase und Sammy Eichhörnchen | Beatrix Potter Ausmalbuch Teil 1 |
| Die Geschichte von Peter Hase und Jimmy Backenhörnchen | Beatrix Potter Ausmalbuch Teil 2 |
| Die Geschichte von Peter Hase und die Feen | Beatrix Potter Ausmalbuch Teil 3 |
| Die Geschichte von Peter Hase beim Zirkus | Beatrix Potter Ausmalbuch Teil 4 |
| Die Geschichte von Peter Hase auf dem Bauernhof | Beatrix Potter Ausmalbuch Teil 5 |
| Die Geschichte von Peter Hase und dem Weihnachtsmann | Beatrix Potter Ausmalbuch Teil 6 |
| Die Geschichte von Peter Hase und der Teeparty | Beatrix Potter Ausmalbuch Teil 7 |
| Die Geschichte von Peter Hase auf dem Meer | Beatrix Potter Ausmalbuch Teil 8 |
| Die Geschichte von Peter Hase in der Schule | Beatrix Potter Ausmalbuch Teil 9 |
| Der Peter Hase Geburtstagskalender | Beatrix Potter Ausmalbuch Teil 10 |
| CLIPART BÜCHER: | SONSTIGES: |
| Beatrix Potter 99 Cliparts Buch Teil 1 | Das Peter Hase Passwortbuch |
| Beatrix Potter 99 Cliparts Buch Teil 2 | |
| Beatrix Potter 99 Cliparts Buch Teil 3 | |
| Beatrix Potter 99 Cliparts Buch Teil 4 | |